Impressum
Verlag: BABADADA GmbH, Nedderfeld 112 , 22529 Hamburg
Geschäftsführer / Verlagsleitung: Harald Hof
Druck: Books on Demand GmbH, In de Tarpen 42, 22848 Norderstedt

Imprint
Publisher: BABADADA GmbH, Nedderfeld 112 , 22529 Hamburg, Germany
Managing Director / Publishing direction: Harald Hof
Print: Books on Demand GmbH, In de Tarpen 42, 22848 Norderstedt

colegio
baruumsaa

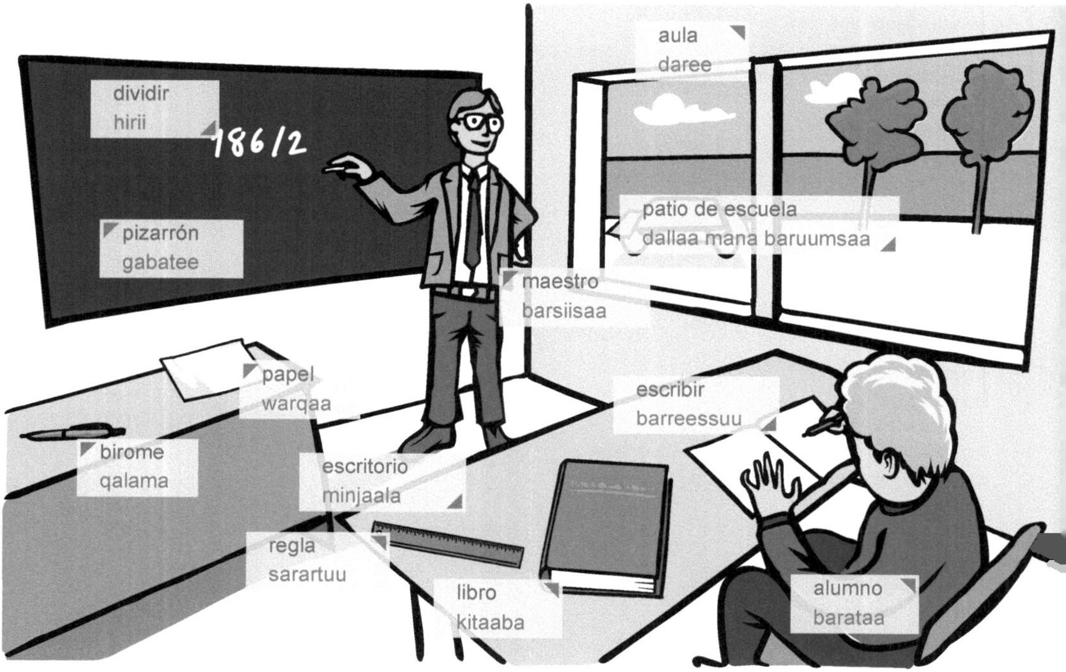
aula
daree
dividir
hirii
186/2
pizarrón
gabatee
patio de escuela
dallaa mana baruumsaa
maestro
barsiisaa
papel
warqaa
escribir
barreessuu
birome
qalama
escritorio
minjaala
regla
sarartuu
libro
kitaaba
alumno
barataa

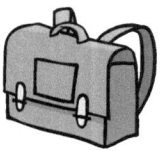

mochila
korojoo baattamu

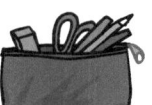

caja de lápices
teessoo irsaasii

lápiz
irsaasii

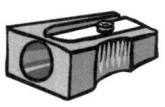

sacapuntas
qartuu irsaasii

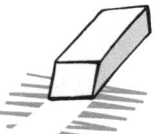

goma (de borrar)
haqxuu

bloc de dibujo
paadii fakkii

dibujo

fakkii

pincel

burusha halluu

caja de pinturas

saanduqa halluu

tijera

maqasa

pegamento

maxxansituu

cuaderno de ejercicios

daftara

tarea

hojii manaa

número

lakkoofsa

sumar

ida'ii

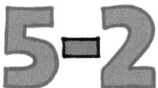

restar

hir;isi

multiplicar

bay;isi

calcular

heerregii

letra

xalayaa

abecedario

tarree qubee

palabra

jecha

texto

kitaaba barataa

leer

dubbisuu

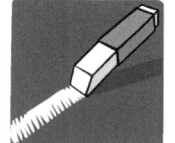

tiza

biroonkii

lección

baruumsa

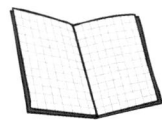

cuaderno de clase

galmeessuu

examen

qormaata

certificado

raga barreeffamaa

uniforme escolar

uffata mana baruumsaa

educación

barnoota

enciclopedia

insaaykiloopeediyaa

universidad

yuunivarstii

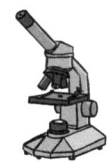

microscopio

maaykiroos kooppii

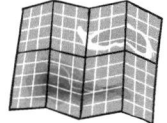

mapa

kaartaa

tacho (de basura)

qircaata gatoo

viaje
imala

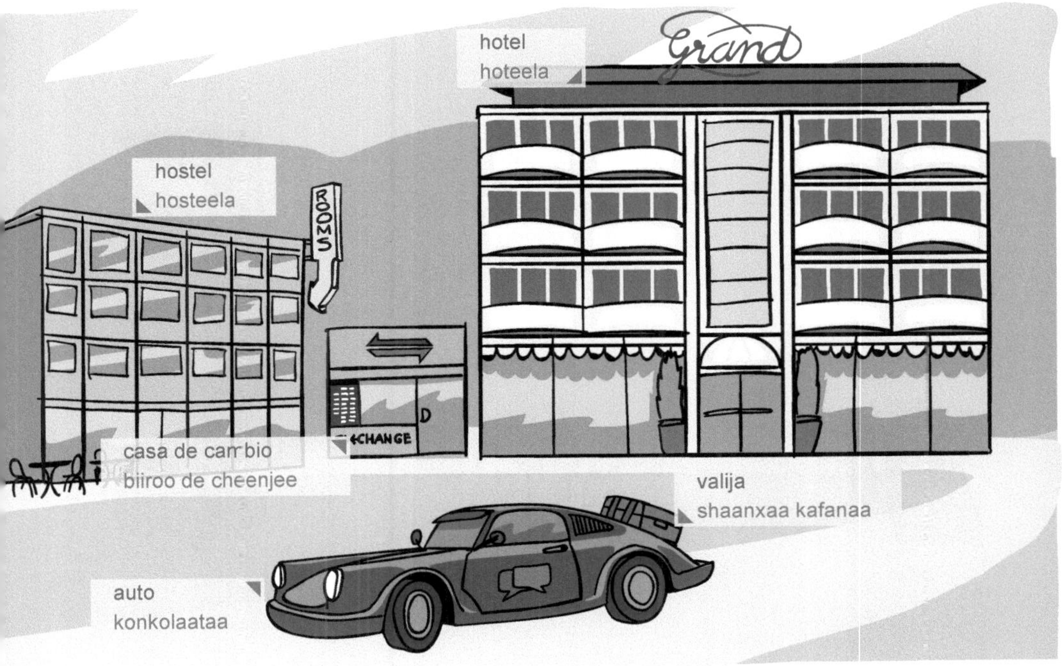
hotel
hoteela
Grand
hostel
hosteela
ROOMS
EXCHANGE
casa de cambio
biiroo de cheenjee
valija
shaanxaa kafanaa
auto
konkolaataa

idioma

afaan

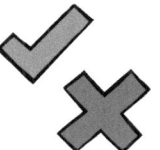

sí / no

eyyeen / mitii

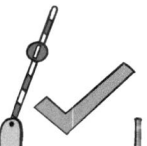

Está bien

haa ta'u

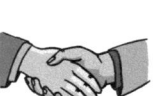

hola

heloo

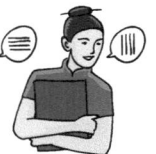

traductor

turjmaana

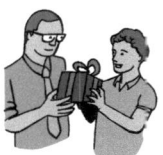

Gracias

galatoomaa

¿cuánto cuesta…?

meeqa

No entiendo

naaf hingalle

problema

rakkoo

¡Buenas tardes!

akkam ooltan

¡Buenos días!

akkam bultan?

¡Buenas noches!

halkan gaarii

adiós

nagaatti nagaatti

dirección

kallattii

equipaje

ba'aa imalaa

bolso

korojoo

mochila

ba'aa dugdaa

invitado

keessummaas

habitación

kutaa

bolsa de dormir

korojoo hirriibaa

carpa

dukkaana

información turística

odeeffannoo turistii

playa

qarqara haroo

tarjeta de crédito

kireedit kaardii

desayuno

ciree

almuerzo

laaqana

cena

irbaata

pasaje

tikkeetii

ascensor

liiftii

sello

chaappaa

frontera

daangaa

aduana

barmaatilee

embajada

embaasii

visa

viizaa

pasaporte

paasspoortii

transporte
geejiba

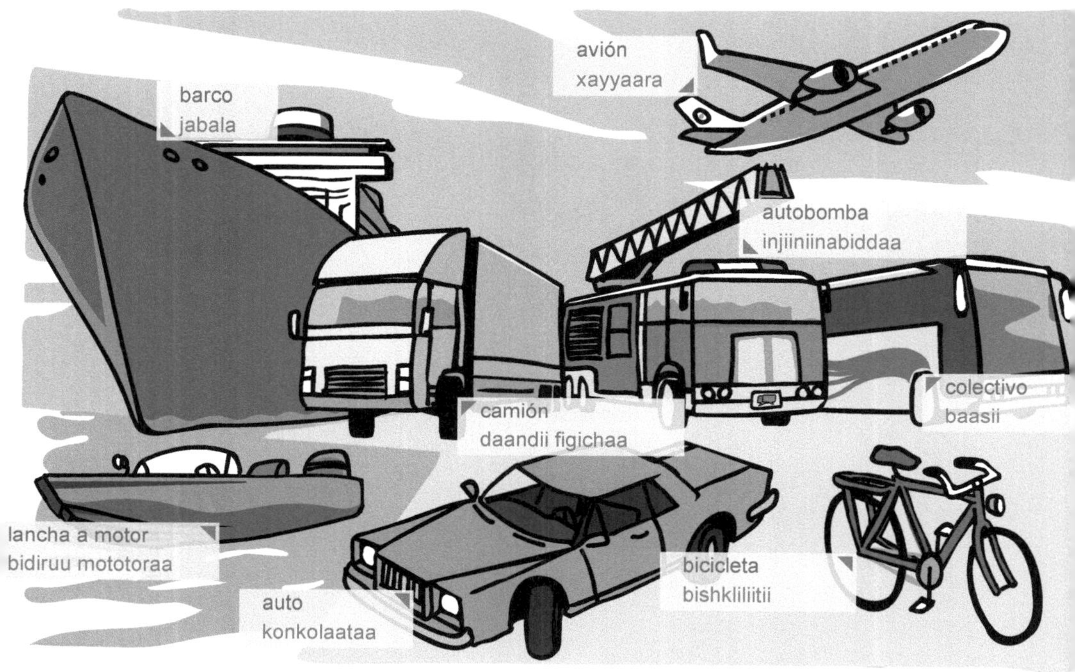

avión
xayyaara
barco
jabala
autobomba
injiiniinabiddaa
colectivo
baasii
camión
daandii figichaa
lancha a motor
bidiruu mototoraa
bicicleta
bishkliliitii
auto
konkolaataa

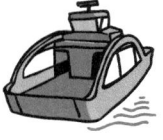

ferry

bidiruu deeddebii

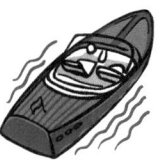

bote

bidiruu

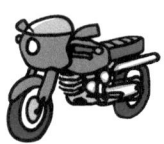

moto

doqdoqqee

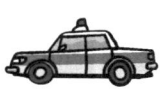

patrullero

konkolaataa foolisaa

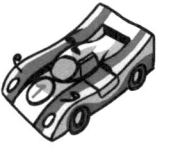

auto de carreras

konkolaataa dorgommii

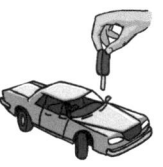

auto de alquiler

konkolaataa kiraa

alquiler de autos

konkolataa waliin gahuu

grúa

marsaa boqqoonna

camión de basura

daandii dhorkaa

motor

motora

nafta

boba'aa

estación de servicio

buufata boba'aɛ

señal de tránsito

mallattoo tiraafikaa

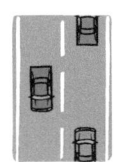

tránsito

tiraafika

embotellamiento

cuccufaa daandii
konkolaataa

estacionamiento

dhaabbii konkolaataa

estación de tren

buufata baburaa

vías

konkolaataa gudcaa

tren

baabura

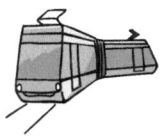

tranvía

baabura eleektirikaa

vagón

gaarii fardaa

helicóptero

helikooftara

aeropuerto

buufata xayyaaraa

torre

qooxii

pasajero

keessummaa

contenedor

konteenara

caja de cartón

kaartunii

carretilla

gaarii

canasta

qirccaata

despegar / aterrizar

barrisuu / qubachuu

ciudad

magaalaa gudaa

pueblo

araddaa

centro de ciudad

handhuura magaalaa

casa

mana

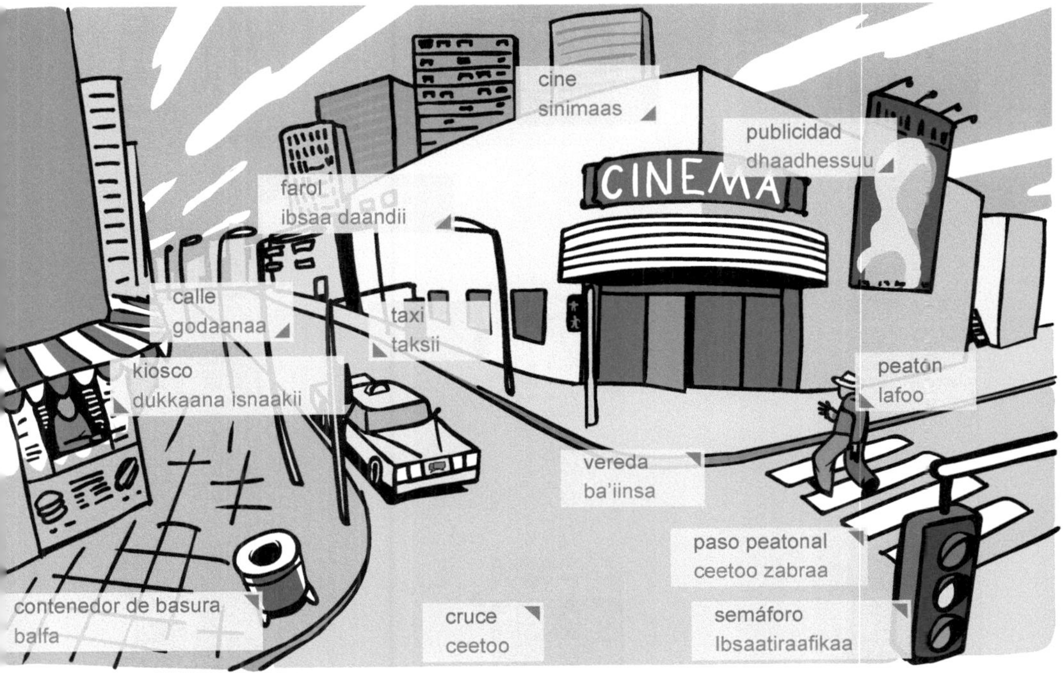

cine
sinimaas

publicidad
dhaadhessuu

farol
ibsaa daandii

CINEMA

calle
godaanaa

taxi
taksii

kiosco
dukkaana isnaakii

peatón
lafoo

vereda
ba'iinsa

paso peatonal
ceetoo zabraa

contenedor de basura
balfa

cruce
ceetoo

semáforo
Ibsaatiraafikaa

cabaña

godoo

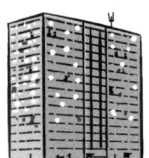

departamento

diriiraa

estación de tren

buufata baburaa

municipalidad

galma magaalaa

museo

muuziyeemii

colegio

baruumsaa

universidad

yuunivarstii

banco

baankii

hospital

hospitaala

hotel

hoteela

farmacia

mana qorichaa

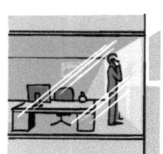

oficina

waajjira

librería

dukkana kitaabaa

negocio

dukkaana

florería

gurgurtuu abaabo

supermercado

suppar maarkeetii

mercado

gabaa

grandes tiendas

kuusaa dame

pescadería

kiyyeessituu qurxxummii

centro comercial

giddu gala gabaa

puerto

buufata galaanaa

12   ciudad - magaalaa gudaa

parque

paarkii

banco

tessoo dalgee

puente

riqica

escaleras

sibsaabii

subte

Lafa jala

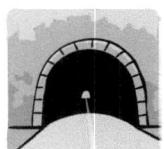

túnel

holqa

parada del colectivo

buufata konkolaataa

bar

baarii

restaurante

mana nyaataa

buzón

saanduqa poostaa

letrero

mallattoodaandii

parquímetro

idoo dhaabbii konkolaataa

zoológico

dallaa beeladaa

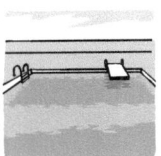

pileta

haroo daakkaa

mezquita

masgiida

granja

qonna

contaminación

faalama

cementerio

iddoo awwaalchaa

iglesia

charchii

juegos infantiles

dirree taphaa

templo

siidaa

paisaje

teechuma lafaa

hoja
baala

poste indicador
maxxansa beeksiisaa

camino
karaa

pradera
huruufa magariisa

piedra
dhakaa

excursionista
nama lafoo deemu

árbol
muka

río
laga

hierba
mrga

flor
abaaboo

valle

sulula

montaña

tabba

lago

hara

bosque

bosona

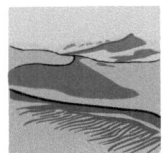

desierto

gammoojjii oo;aa

volcán

dhooyinsalafaa

castillo

masaraa

arco iris

sabbata waaqqaa

champiñón

jaarsa marqoo

palmera

muka teemiraa

mosquito

bookee busaa

mosca

balali'uu

hormiga

mixii

abeja

kanniisa

araña

sarariitii

escarabajo

boombii

rana

hurrii

ardilla

shikookkoo

erizo

xaddee

liebre

beelada illeentii fakkaatu

lechuza

jajuu

pájaro

simbira

cisne

daakkiyyee

jabalí

ifaannaa

ciervo

godaa

alce

godaa ameerikaatti argamu

presa

riqicha

aerogenerador

tarbaayinii buubbee

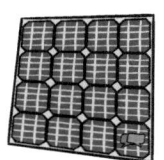

panel solar

panaalii soolaarii

clima

haala qilleensaa

restaurante
mana nyaataa

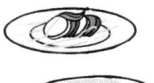

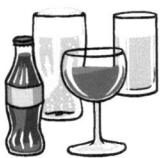

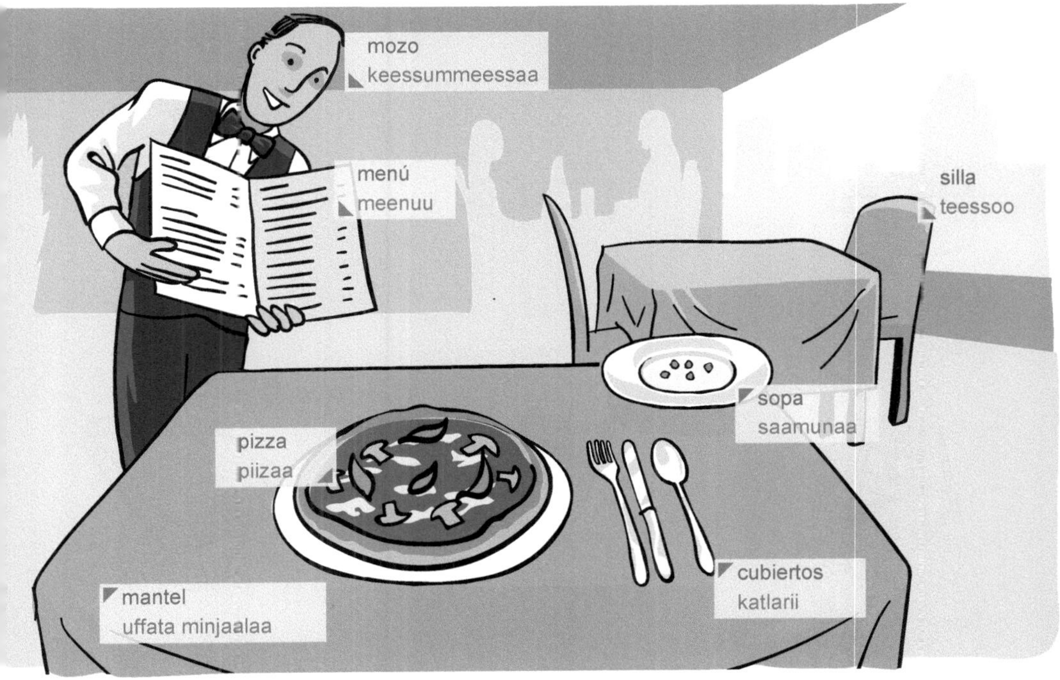
mozo
keessummeessaa
menú
meenuu
silla
teessoo
sopa
saamunaa
pizza
piizaa
cubiertos
katlarii
mantel
uffata minjaalaa

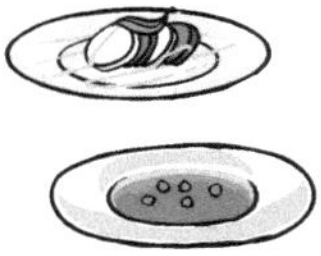

entrada

calqabsiisaa

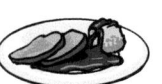

plato principal

madda muummee

postre

deezaartii

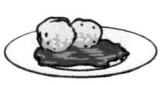

bebidas

dhugaatii

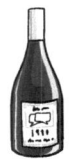

comida

nyaata

botella

qaruuraa

comida rápida

nyaata qophaa'aa

comida callejera

nyaata karaa irraa

tetera

markajii shaayii

azucarera

qodaa shukkaaraa

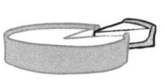

porción

uwwisa

cafetera expreso

maashina espereessoo

sillita alta

teessoo ol ka'aa

cuenta

nagahee

bandeja

tirii

cuchillo

hlbee

tenedor

shuukkaa

cuchara

fal'aana

cucharita

fal'aana shaayii

servilleta

uffrata minjaala nyaataa

vaso

burcuqqoo

restaurante - mana nyaataa

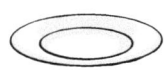

plato

diiriiraa

plato hondo

teessoo saamunaa

plato

teessoo siinii

salsa

sugoo

salero

qodaa sooqiddaa

molinillo de pimierta

daaktuu barbaree

vinagre

hadhooftuu

aceite

zayita

especias

qimamii

kétchup

kachappii

mostaza

sanaafica

mayonesa

maaynoneezii

supermercado
suppar maarkeetii

oferta especial
kenaa addaa
FOR
cliente
maamila
lácteos
oomish aannanii
fruta
fuduraa
changuito
baabura eelektirikaa

BUTCHERS

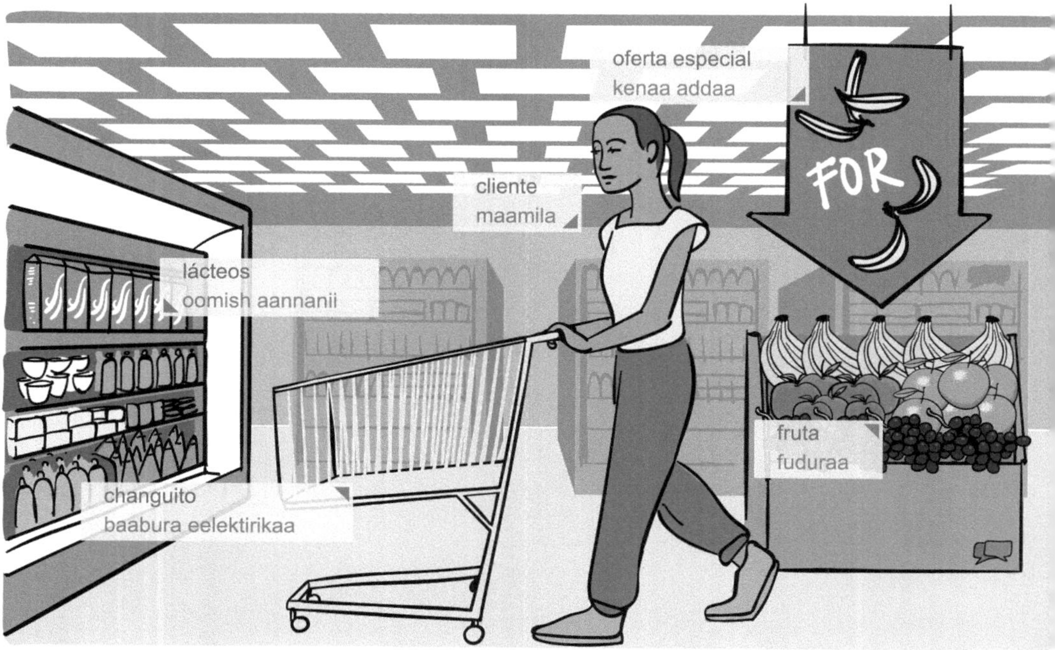

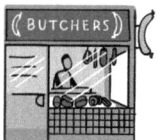

carnicería

mana foonii

BAKERY

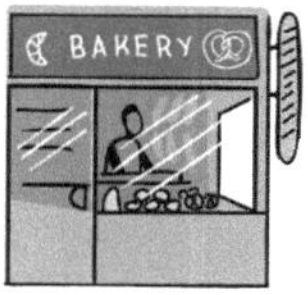

panadería

tolchituu

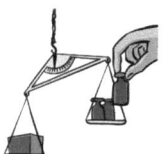

pesar

ulfaatina safaruu

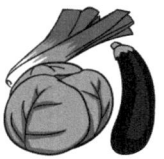

verduras

kuduraa

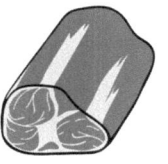

carne

foon

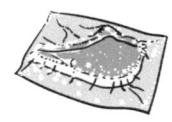

alimentos congelados

nyaataqorraa

fiambres

foon qorraa

alimentos enlatados

nyaata samsmaa

detergente en polvo

oomoo

golosinas

mi'aawaa

electrodomésticos

oomisha meeshaa manaa

productos de limpieza

bu'aa qulqulleessuu

vendedora

nama gurgurtaa

caja

hanga

cajero

qarshi qabduu

lista de compras

taree gabaa

horario de atención

sa'aatii baniinsaas

billetera

krojoo qarshii kan dʼiiraa

tarjeta de crédito

kireedit kaardii

cartera

korojoo

bolsa de plástico

korojoo pilaastikaa

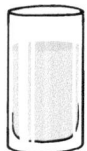

agua

bishaan

jugo

cuunfaa

leche

aannani

bebida cola

kookii

vino

wayinii

cerveza

biiraa

alcohol

alkoolii

cacao

kookaa

té

shaayii

café

buna

café expreso

espereesso

cappuccino

kaappuchuunoo

banana

muuzii

manzana

aappilii

naranja

burtukaana

melón

meeloonii

limón

loomii

zanahoria

kaarotii

ajo

qullubbii adii

bambú

leemmana

cebolla

qullubbii

champiñón

jaarsa marqoo

nueces

godoo

fideos

gowwaa

tallarines

ispaageetii

arroz

ruuza

ensalada

salaaxaa

papas fritas

chiipsii

papas fritas

moose affeelamaa

pizza

piizaa

hamburguesa

hmbargarii

sándwich

saanduchii

churrasco

kotaleetii

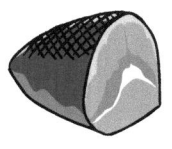

jamón

foon booyyee kan luka
fuuiduraa

salame

nyaata mi'eessituu fi
sooggiddan sukkummame

salchicha

sausage

pollo

lukuu

asado

waaddii

pescado

qurxummii

copos de avena

bulluqa aajjaa

muesli

masliis

copos de maíz

fandishaa

harina

daakuu

medialuna

kiroosantii

pancito

daabboo-

pan

daabboo

tostada

dabboo oo'aa

galletitas

buskuuta

manteca

dhadhaa

cuajada

itittuu

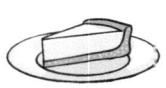

torta

keekii

huevo

buuphaa

huevo frito

buuphaa affeelamaa

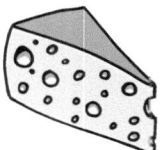

queso

ayibii

comida - nyaata

25

helado

aays kireemii

azúcar

shukkaara

miel

damma

mermelada

marmaalaataa

pasta de chocolate

chokkoleetii bittinnaa'aa

curry

kuurii

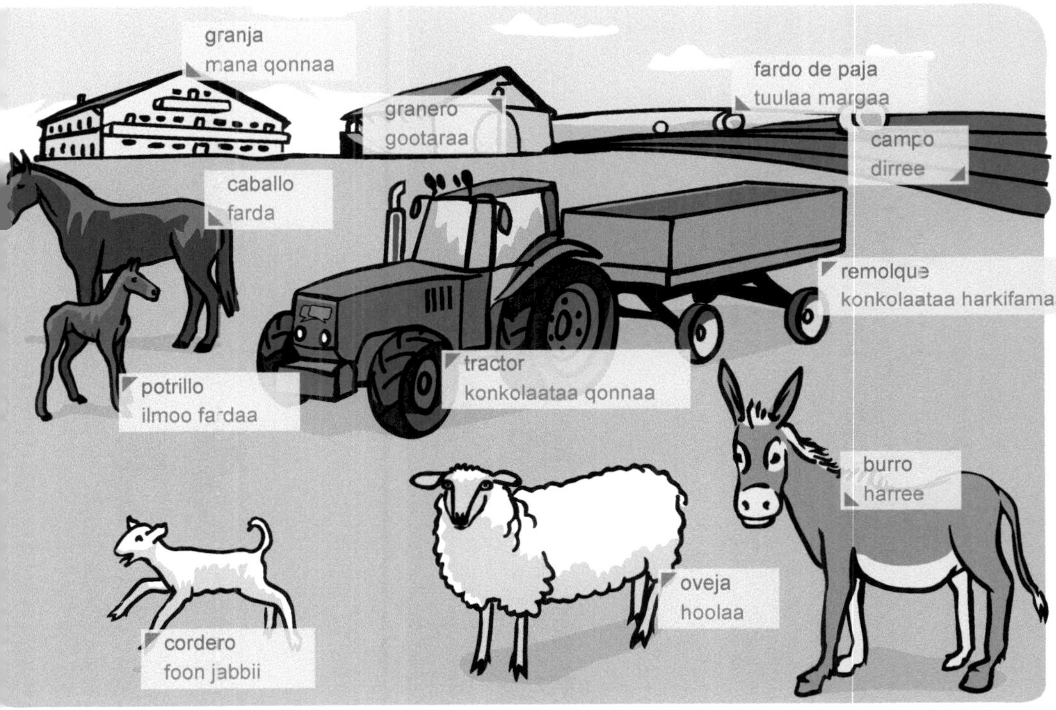

granja
mana qonnaa

granero
gootaraa

fardo de paja
tuulaa margaa

campo
dirree

caballo
farda

remolque
konkolaataa harkifamaa

potrillo
ilmoo fardaa

tractor
konkolaataa qonnaa

burro
harree

oveja
hoolaa

cordero
foon jabbii

cabra
ra'ee

vaca
sa'a

ternero
jabbilee

cerdo
booyyee

lechón
ilmoo booyyee

toro
korma

ganso

ziyyee

pato

daakkiyyee

pollo

lukkuu

gallina

lukkuu haadhoo

gallo

lukkuu kormaa

rata

hantuuta

gato

adurree

ratón

hantuuta goodaa

buey

qotiyyoo

perro

saree

cucha

mana saree

manguera

ujjummoo oddoo

regadera

kan ittin bishaan obaasan

guadaña

haamtuu dheeraa

arado

qotuu

granja - qonna

hoz

haamtuu

azada

gasoo

horquilla

manshii

hacha

qotoo

carretilla

gaarii goommaa

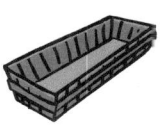

abrevadero

suluula

lechera

meeshaa aannanii

bolsa

keeshaa

reja

dallaa

establo

tasgabbii

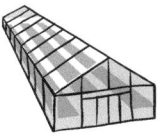

invernadero

mana biqiltuu

suelo

biyyee

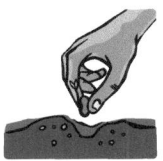

semilla

sanyii

fertilizador

dachee gabbistuu

cosechadora

kmbaayinara haamaa

cosechar

haamuu

cosecha

haamuu

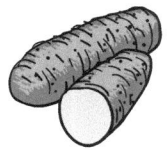

batatas

biqiltuu hundeen isaa nyaatamu

trigo

qamadii

soja

sooy

papa

moose

maíz

boqqoolloo

semilla de colza

raappii siidii

árbol frutal

muka fudraa

mandioca

kzaavaa

cereales

midhaan biilaa

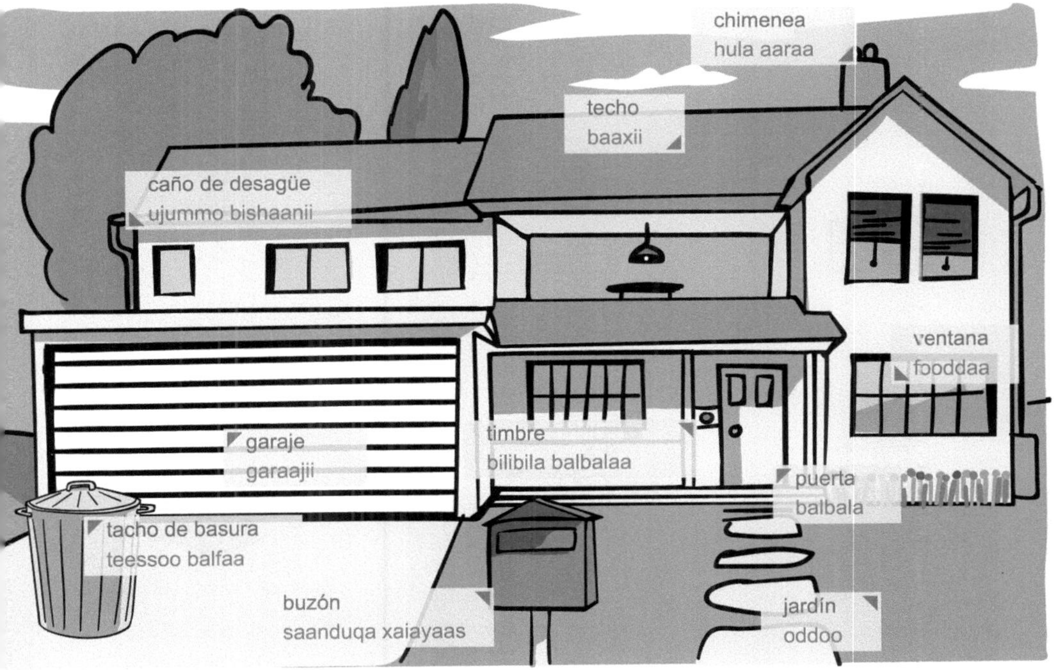

chimenea
hula aaraa

techo
baaxii

caño de desagüe
ujummo bishaanii

ventana
fooddaa

garaje
garaajii

timbre
bilibila balbalaa

puerta
balbala

tacho de basura
teessoo balfaa

buzón
saanduqa xaiayaas

jardín
oddoo

living
kutaa jireenyaa

baño
kutaa dhiqannaa

cocina
mana bilcheessaa

dormitorio
kutaa ciisichaa

cuarto de los chicos
kutaa ijoollee

comedor
kutaa nyaataa

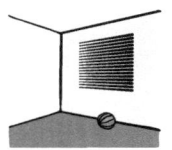

piso

lafa

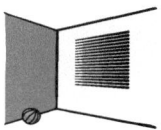

pared

ededaa

cielorraso

baaxii

sótano

seelaarii

sauna

saawunaa

balcón

baankoonii

terraza

madaba

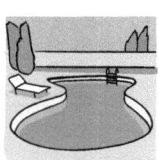

pileta

puulii

cortadora de pasto

konkoolaataa haamaa

sábana

ansoolaa

acolchado

uffata siree

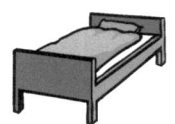

cama

siree

escoba

hartuu

balde

baaldii

interruptor

cufuu

living
kutaa jireenyaa

empapelado
wolpeepparii
imagen
fakkii
lámpara
foon hoolaa
estante
masalangaa
armario
kaappi boordiis
televisión
tleviszinii
chimenea
midijjaa
flor
abaaboo
almohadón
boraatiii
sofá
soofaa
florero
tessoo abaaboo
control remoto
too'attuu halaalaa

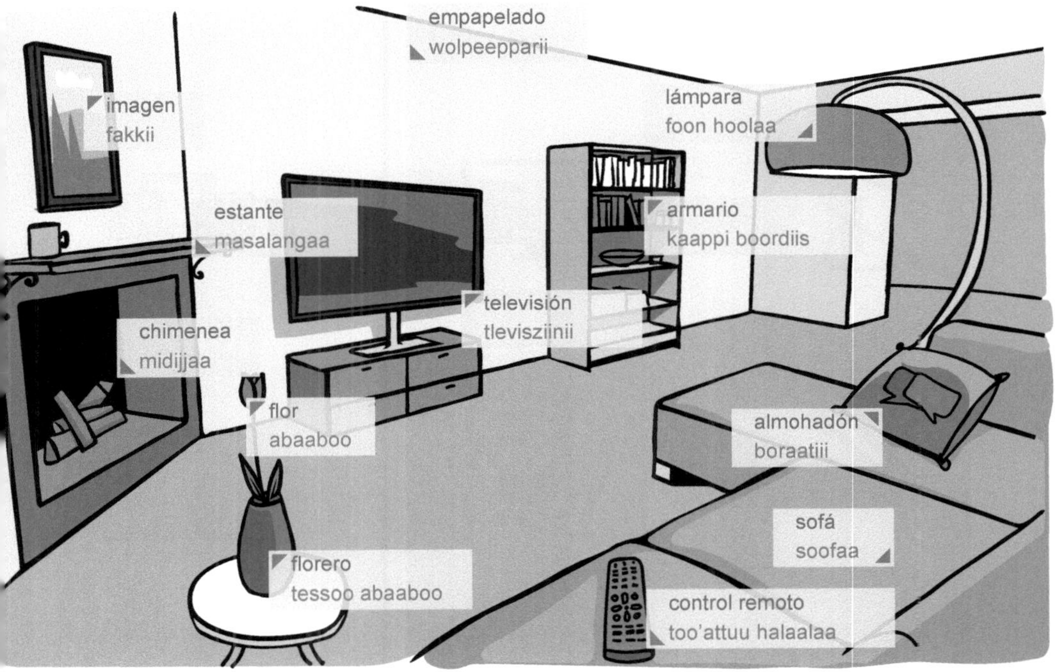

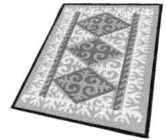

alfombra

afata

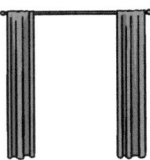

cortina

golgaa

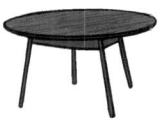

mesa

minjaala

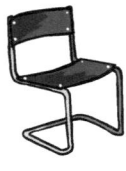

silla

teessoo

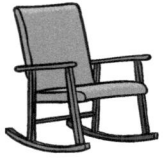

mecedora

teessoo rarra'aa

sillón

teesoo ciqilffannaa

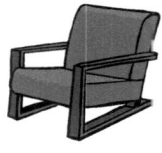

libro

kitaaba

frazada

uffata qorraa

decoración

midhagina

leña

muka qoraanii

película

fiilmii

equipo de música

meeshaa

llave

furtuu

diario

gaazexaa

pintura

dibuu

póster

barjaa

radio

reedyoonii

cuaderno

daftara yaadanoo

aspiradora

meeshaa eeleektirikaa afata
qulqulleessu

cactus

laaftoo

vela

dungoo

cocina
mana bilcheessaa

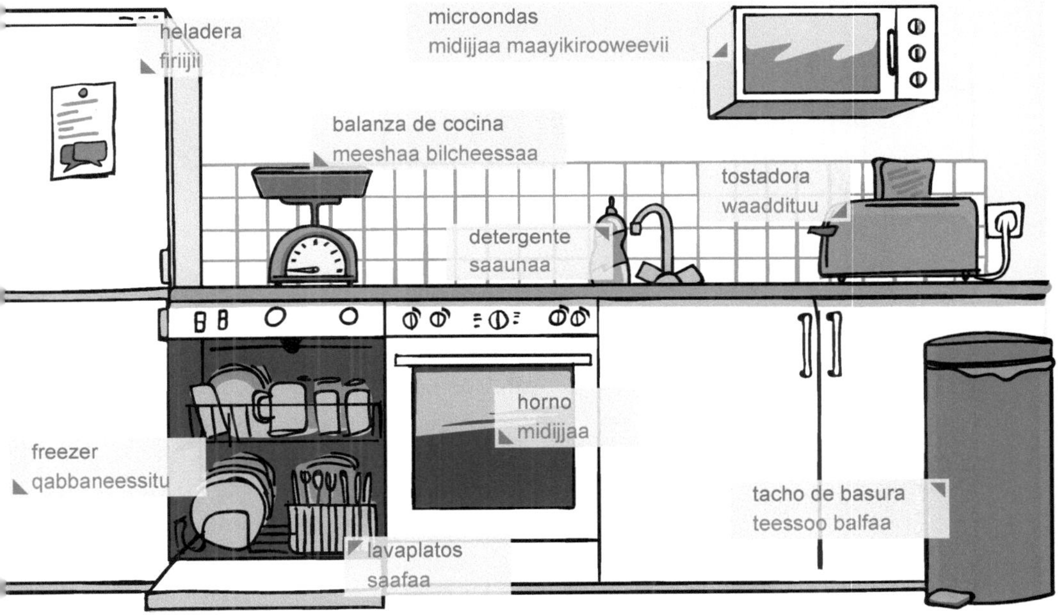
heladera
firiijii
microondas
midijjaa maayikirooweevii
balanza de cocina
meeshaa bilcheessaa
tostadora
waadditiuu
detergente
saaunaa
horno
midijjaa
freezer
qabbaneessitu
tacho de basura
teessoo balfaa
lavaplatos
saafaa

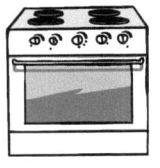

cocina

bilcheesssituu

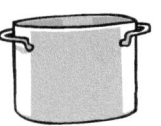

olla

okkotee

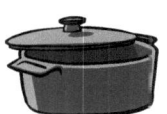

olla de hierro fundido

cast-iron pot

wok

sataatee

sartén

waadditu

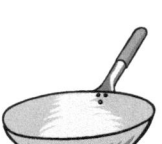

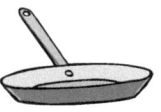

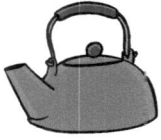

pava

markajii

vaporera

jabala humna urkaa

bandeja de horno

tirii bilcheessaa

vajilla

bantuu qaruuraa

taza

geeba

bol

sayinaa

palitos

dibata hidhii

cucharón

cilfaa

estpátula

shuukkaa

batidora

areeda aduurree

colador

dhimbiibduu

colador

gingilchaa

rallador

meeshaa farfartuu

mortero

mooyyee

parrilla

waadii abiddaa

fogata

midijjaa

tabla de picar

maktafiyaa

palo de amasar

martuu

sacacorchos

bantuu qaruuraa

lata

danda'uu

abrelatas

banuu danda'uu

manopla

teesoo okkotee

pileta

lixuu

cepillo

buruushii

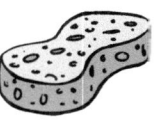

esponja

ispoonjii

batidora

meeshaa waliin makaa

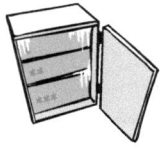

congelador

qabbaneessaa guddaa

mamadera

xuuxxoo

canilla

ujjuummoo

kutaa dhiqannaa

calefacción
oo'istuu

ducha
shhworii

toalla
baaldii

cortina de ducha
golgaa shaaworii

baño de espuma
daakaa bashannanaa

bañadera
gabatee dhiqannaa

vaso
burcuqqoo

lavarropas
maashina miiccaas

canilla
ujjuummoo

baldosas
billookkeetti

pelela
waan xiqqoo

pileta
lixuu

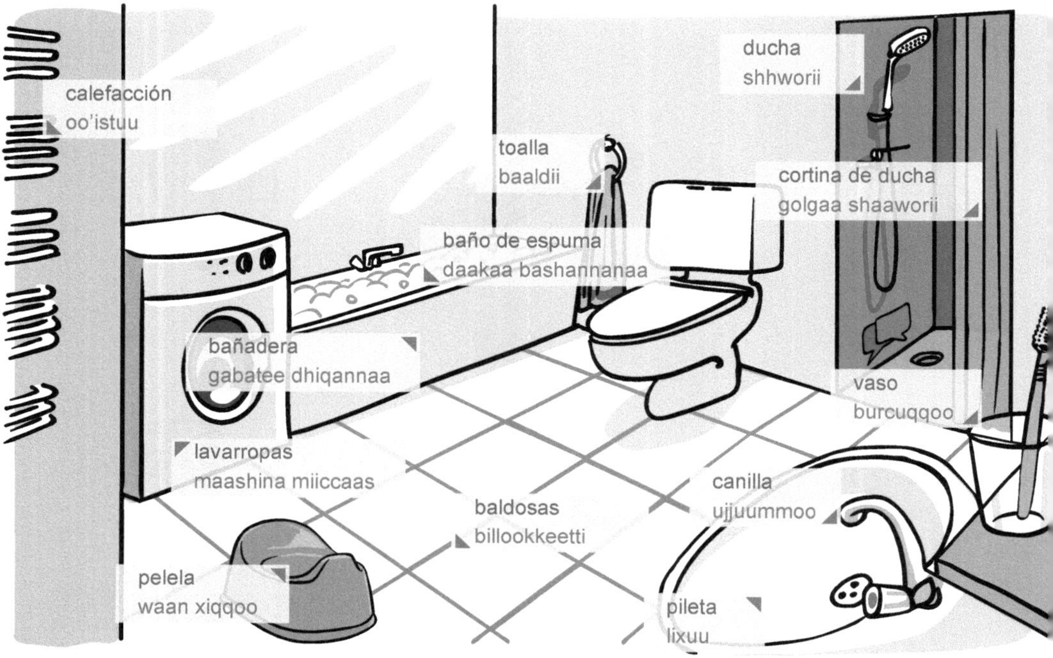

inodoro
....
mana fincaanii

letrina
....
mana fincaanii taa'e

bidé
....
saafaa

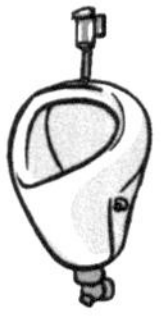

mingitorio
....
sahiinaa mana fincaanii

papel higiénico
....
sooftii

cepillo para el inodoro
....
burusha mana fincaanii

cepillo de dientes

buruushii ilkaanii

dentífrico

saamunaa ilkaanii

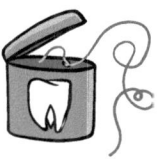

hilo dental

soqxuu ilkaanii

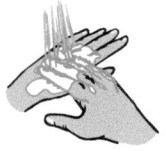

lavar

dhiquu

ducha de mano

qaama dhiqannaa aadaa

ducha higiénica

kan dach

palangana

sulula

cepillo para espalda

mana dhiqataa

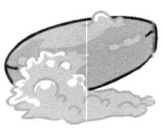

jabón

saamunaa

gel de ducha

dibata dhiqannaa boodaa

shampoo

shaampuu

toallita

jejuu

desagüe

gogsuu

crema

kireemii

desodorante

dodoraantii

baño - kutaa dhiqannaa

espejo

daawitii

espejito

daawitii hrkaa

maquinita de afeitar

milaacii

espuma de afeitar

dibata areedaas

aftershave

diibata areedaa

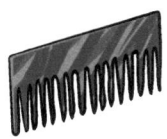

peine

filaa

cepillo

burusha

secador de pelo

qoorsituu rifeensaa

spray

hafuuftuu rifeensaa

maquillaje

meekaappii

lápiz de labios

lippistiikii

esmalte para uñas

qeessa muculiksituu

algodón

jirbii

tijera para uñas

murtuu qeessa

perfume

shittoo

baño - kutaa dhiqannaa

portacosméticos

korojoo dhiqannaa

banqueta

gatteechuma

balanza

iskeelii ulfaatinaa

bata

uffata dhiqannaa

guantes de goma

guwaantii pilaastikaa

tampón

moodesii

toallita femenina

fooxaa qulquulinaa

baño químico

keemikaala mana fincaanii

cuarto de los chicos
kutaa ijoollee

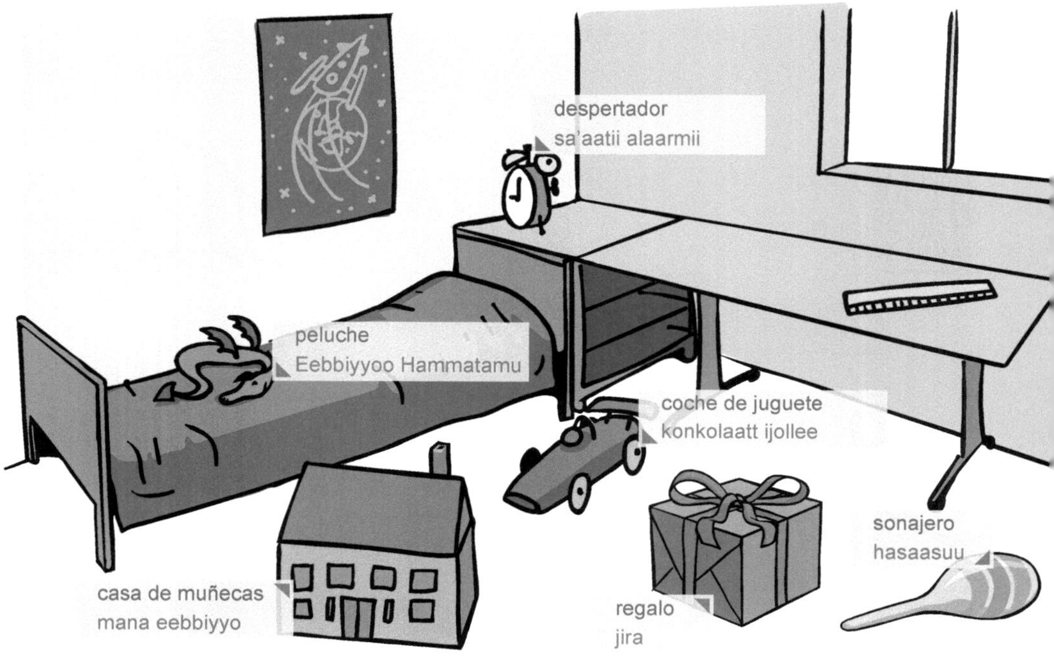
despertador
sa'aatii alaarmii
peluche
Eebbiyyoo Hammatamu
coche de juguete
konkolaatt ijollee
sonajero
hasaasuu
casa de muñecas
mana eebbiyyo
regalo
jira

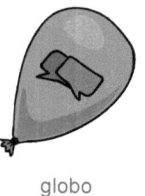

globo

baaloonii

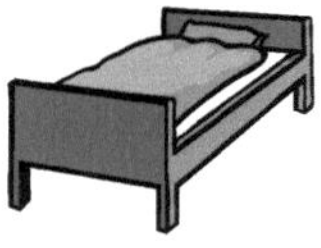

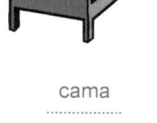

cama

siree

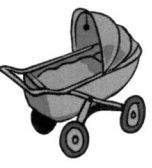

cochecito

gaarii daa'imaa

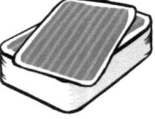

cartas

Minjaala Kaardii

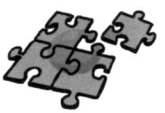

rompecabezas

akaafaa

SUPER
MEGA

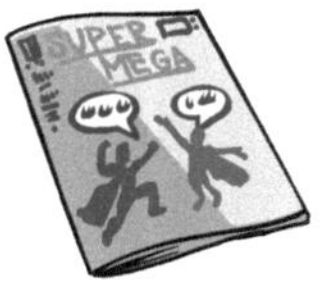

historieta

kofalchiisaa

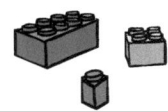

piezas de lego

lego bricks

ladrillos de juguete

dlookii ijaarsaa

figura de acción

lakkofsa gochaa

enterito (de bebé)

guddina daa'imaa

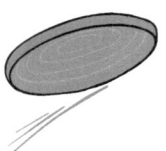

frisbee

saahinaa taphaa

móvil para bebés

mobaayilii

juego de mesa

gabatee taphaa

dados

kuubii lakk. 1-6 qabu

tren eléctrico

teessuma leenji'εa
modeelaa

chupete

fakkii

fiesta

afeerrii

libro de cuentos ilustrado

kitaaba fakii

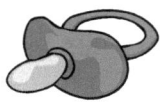

pelota

kubbaa

muñeca

eebiyyoo

jugar

tapha

arenero

boolla cirrachaa

hamaca

hodhuu

juguetes

eebbiyyoo

consola de videojuegos

konsoli tapha viidyoo

triciclo

marsaa sadii

osito de peluche

eebiyyo hammatamtu

armario

sanduqaa dhaabbii

ropa
cuufinsa

medias

kaalsii

medias panty

istookingii

calzas

taayitii

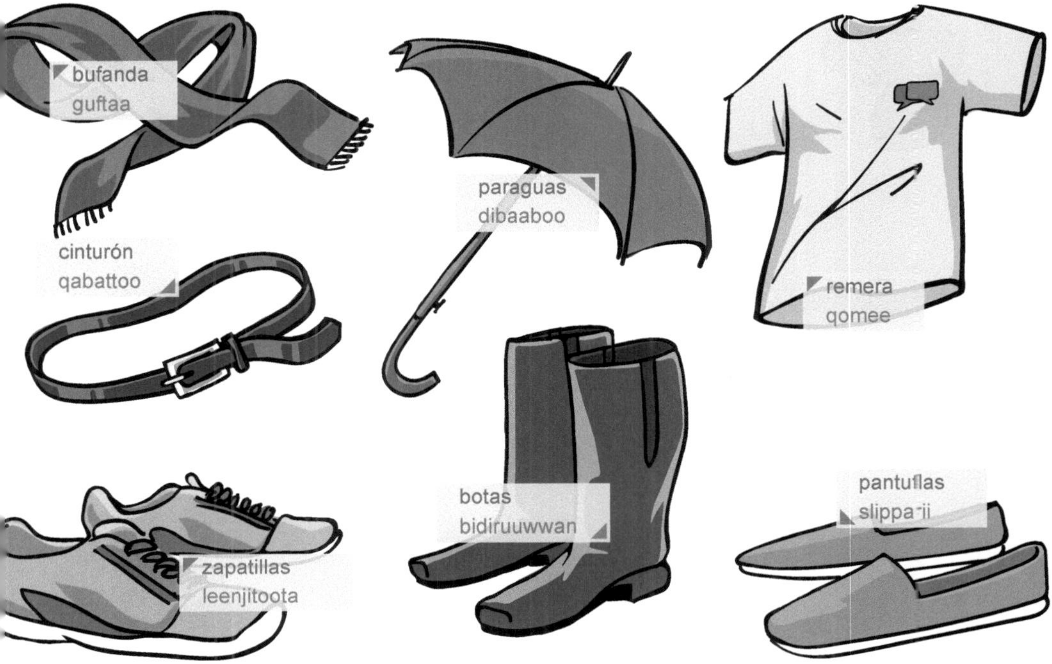

bufanda
guftaa

paraguas
dibaaboo

cinturón
qabattoo

remera
qomee

botas
bidiruuwwan

pantuflas
slippaˀii

zapatillas
leenjitoota

sandalias
....
kophee banaa

zapatos
....
kophee

botas de goma
....
bidiruu pilaastikaa

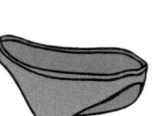

ropa interior
....
butaantaa

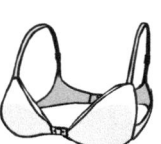

corpiño
....
harmaa

chaleco
....
sadariyyaa

body

qaama

pantalones

kofoo dheeraa

jeans

jiinsii

pollera

dalgee

blusa

shamiza

camisa

shurraaba

pulóver

shurraaba

buzo

haaguuggii jaakkeettii

blazer

yuunifoormii

campera

jaakkeettii

tapado

kootii

piloto

kafana roobaa

traje

barsuma

vestido

wandaboo

vestido de novia

kafana gaa'ilaa

traje

kafana guutuu

camisón

uffata halkanii

pijama

bijaamaa

sari

wandaboo hindii

pañuelo para cabeza

guftaa

turbante

marata

burka

burqaa

caftán

jalabiyyaa

abaya

abaya

traje de baño

kafana daakkaa

short de baño

mudhii

shorts

kofoo gabaabaa

jogging

kafanafgichaa

delantal

appiroonii

guantes

guwwaantii

botón

furtuu

anteojos

burcuqqoowwan

pulsera

gumee

collar

amartii

anillo

qubeelaa

aro

glii

gorra

geeba

percha

fanoo kootii

sombrero

qoobii

corbata

karbaata

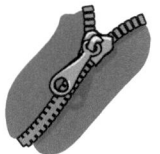

cierre

ziippii

casco

heelmeetii

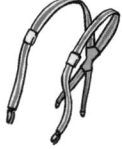

tiradores

collee

uniforme escolar

uffata mana baruumsaa

uniforme

yuunifoormii

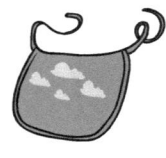

babero

kafana gorooraa

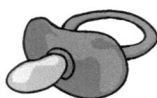

chupete

fakkii

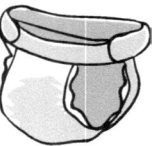

pañal

naappii

oficina

waajjira

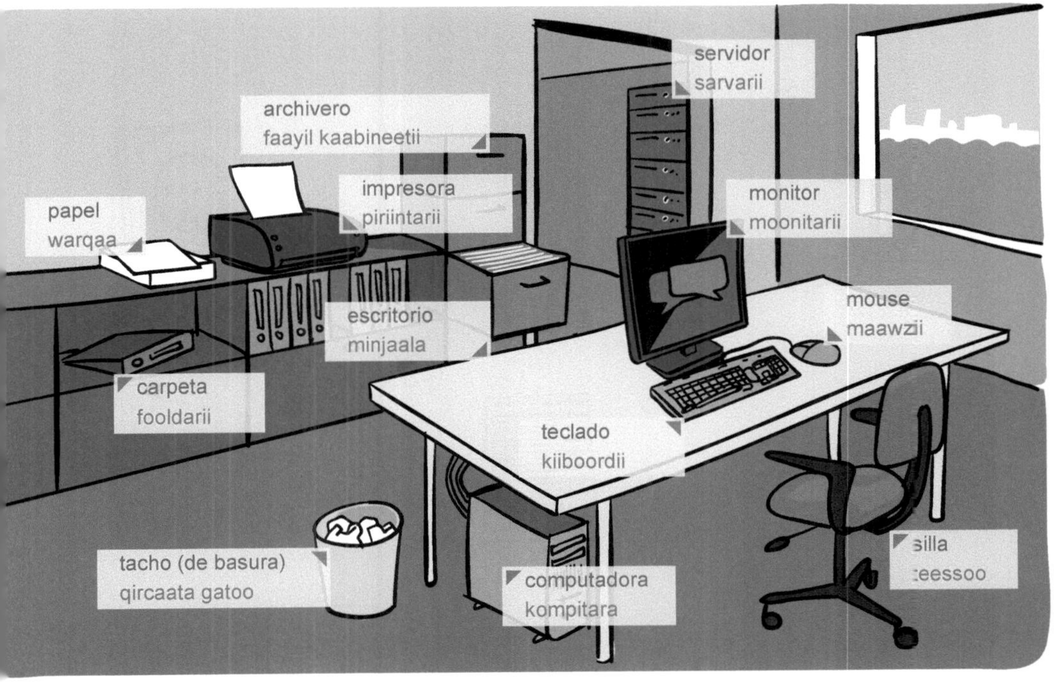
servidor
sarvarii
archivero
faayil kaabineetii
impresora
piriintarii
papel
warqaa
monitor
moonitarii
mouse
maawzii
escritorio
minjaala
carpeta
fooldarii
teclado
kiiboordii
silla
eessoo
tacho (de basura)
qircaata gatoo
computadora
kompitara

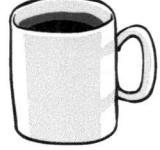

taza de café

siinii bunaa

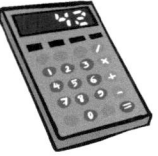

calculadora

herregduu

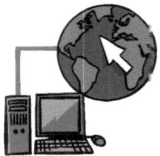

internet

intarneetii

laptop

lab tooppii

carta

xalaya

mensaje

ergaa

celular

mobbyilii

red

neetwoorkii

fotocopiadora

maashina footokoppii

software

sooft weerii

teléfono

bilbila

tomacorriente

sookkeetii suuqii

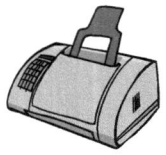

fax

maashina faaksiis

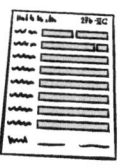

formulario

uunkaa

documento

dookimantii

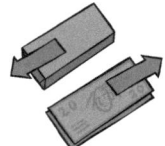

comprar

bituu

pagar

kafaluu

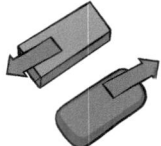

hacer negocios

daldaluu

dinero

qarshii

 USD

dólar

doolaara

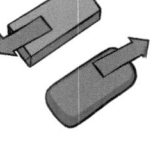 EUR

euro

yuroou

 JPY

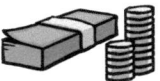

yen

yen

 RUB

rublo

ruubilii

 CHF

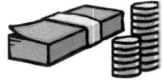

franco suizo

Farankaa swwiz

 CNY

yuan

yuwaanii reenmiinbii

 INR

rupia

ruuppee

cajero automático

kaash pooyintii

casa de cambio

biiroo de cheenjee

oro

warqee

plata

meeta

petróleo

zayita

energía

human

precio

gatii

contrato

koontiraata

impuesto

taaksii

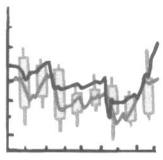

acción

shaqaxa

trabajar

hojjechuu

empleado

qacaramaa

empleador

qacaraa

fábrica

faabrikaas

negocio

dukkaana

ocupaciones
hojii

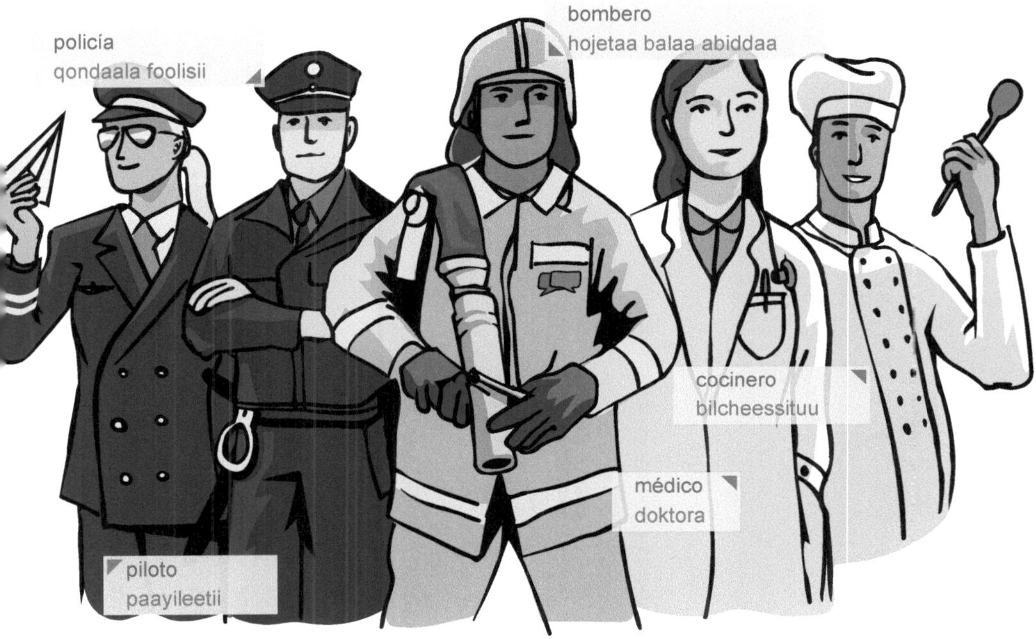
policía
qondaala foolisii
bombero
hojetaa balaa abiddaa
cocinero
bilcheessituu
médico
doktora
piloto
paayileetii

jardinero
waardiyyaa

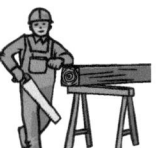

carpintero
ogeessa mukaa

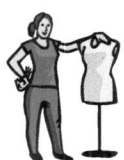

modista
ooftuu jabalaa

juez
abbaa seeraa

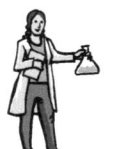

farmacéutico
keemistii

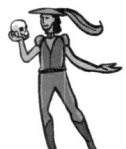

actor
ta'aa

colectivero

konkolaachisaa

taxista

konkolaachisaataaksii

pescador

qurxumii kiyyeessaa

mucama

qulqulleessituu

techista

hojetaa baaxii

mozo

keessummeessaa

cazador

adamisituus

pintor

halluu dibduu

panadero

tolchituu

electricista

elektrishaana

albañil

ijaaraa

ingeniero

injinara

carnicero

mana foonii

plomero

hjjetaa ujummoo

cartero

poostaa geessituu

soldado

raayyaa

arquitecto

arkteektii

cajero

qarshi qabduu

florista

abaaboo gurgurtuu

peluquero

dabbasaa murtuu

cobrador

kondaaktara

mecánico

makaanika

capitán

kaappiteenii

dentista

hakiima ilkee

científico

saayntiistii

rabino

rabbi

imán

imaama

monje

moloskee

sacerdote

luba

herramientas
meeshaalee

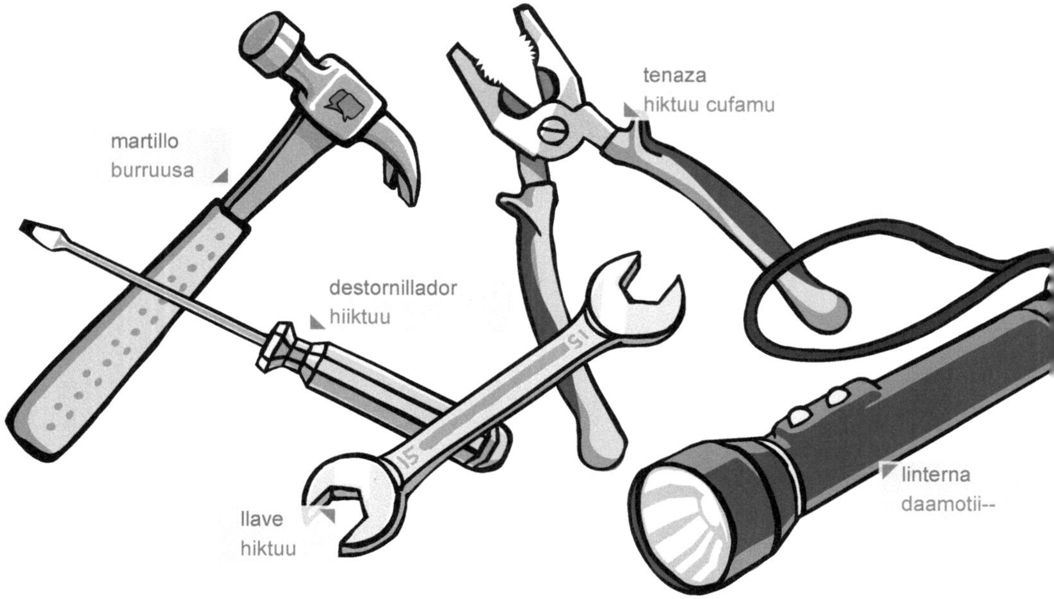

martillo
burruusa
tenaza
hiktuu cufamu
destornillador
hiiktuu
llave
hiktuu
linterna
daamotii--

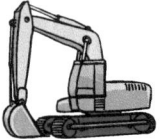

excavadora

gasoo

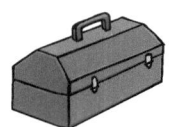

caja de herramientas

saanduqa meeshhalee

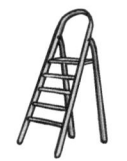

escalera portátil

kortoo

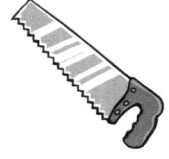

sierra

magaazii

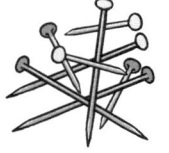

clavos

bismaara

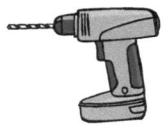

taladro

diriilii

arreglar

suphuu

pala de jardín

akaafaa

¡Qué bronca!

dhaabi

pala de plástico

gataa balfaa

tacho de pintura

qodaa haalluu

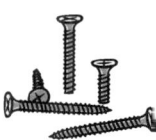

tornillos

hiktuu

instrumentos musicales
meeshaalee muuziqaa

parlante
sagalee guddistuu

batería
teessoo dibbee

guitarra
gitaara

contrabajo
sagalee baay'ee xiqqaa

trompeta
tiraampeetii

piano

piyaanoo

violín

vaayoolinii

bajo

sagalee xiqqaa

timbales

timpaanii

tambor

dibbee

teclado

kiiboordii

saxofón

saaksi foona

flauta

ulullee

micrófono

may craafoona

instrumentos musicales - meeshaalee muuziqaa

zoológico
dallaa beeladaa

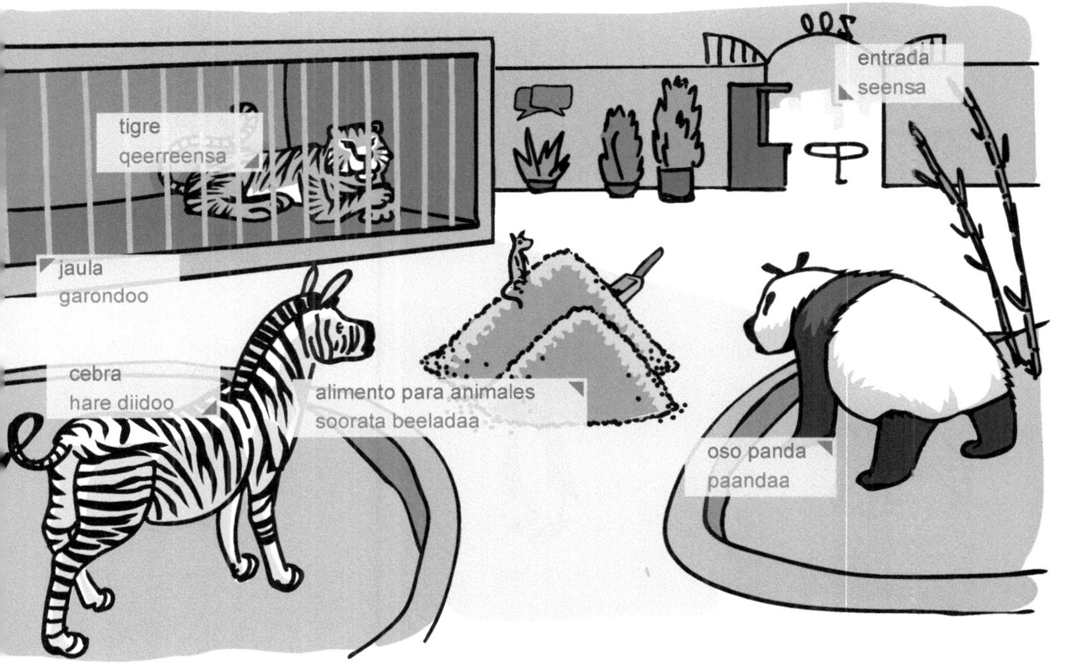
tigre
qeerreensa
entrada
seensa
jaula
garondoo
cebra
hare diidoo
alimento para animales
soorata beeladaa
oso panda
paandaa

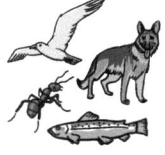

animales
beeladoota

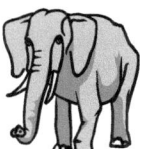

elefante
arba

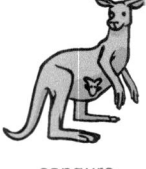

canguro
kaangaaroo

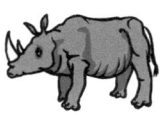

rinoceronte
warseesa

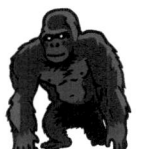

gorila
jaldeessa guddaa

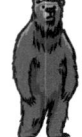

oso
godaa

camello

gala

avestruz

guchii

león

leenca

mono

jaldeessa

flamenco

fiilaamingoo

loro

simbira dubbattu

oso polar

diibii poolarii

pingüino

peengyuunii

tiburón

shaarkii

pavo real

piikookii

serpiente

bofa

cocodrilo

qocaa

cuidador del zoológico

eegaa zoo

foca

chaappaa

jaguar

sanyii qeerensaa

poni

farda gabaabduu

leopardo

sanyii qeerrensaa

hipopótamo

roobii

jirafa

sattaawwaa

águila

culullee

jabalí

ifaannaa

pescado

qurxummii

tortuga

qocaa galaanaa

morsa

beelada bishaan keessaa

zorro

sardiida

gacela

godaa

fútbol americano
kubbaa miilaa ameerikaa

ciclismo
dargmmii bishkilileettaa

tenis
teenisa

básquet
kubba kaachoo

natación
bishaan daakkaa

boxeo
aboottoo

hockey sobre hielo
sigigoo cabbie

fútbol
kubbaa miilaa

bádminton
baadmentanii

atletismo
atileetii

handball
kubba harkaa

esquí
skiing

polo
pooloo

reír
kolfa

saltar
utaalcha

abrazar
hammachuu

caminar
deemuu

cantar
sirbuu

soñar
abjuu

rezar
kadhannaa

besar
dhungoo

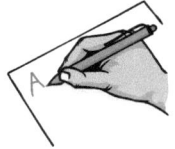

escribir
barreessuu

dibujar
fakkii kaasuu

mostrar
agrsiisuu

presionar
dhiibuu

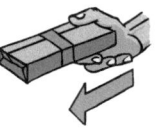

dar
kennuu

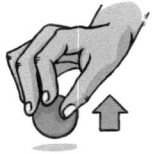

tomar
fudhachuu

tener

qabaachuu

hacer

gochuu

ser

ta'uu

estar parado

dhaabbachuu

correr

kaachuu

tirar

harkisuu

tirar

darbachuu

caer

kufuu

estar acostado

soba

esperar

eeguu

llevar

baachuus

estar sentado

taa'uu

vestirse

uffachuu

dormir

rafuu

despertar

dammaquu

mirar

ilaaluu

llorar

iyyuu

acariciar

dhiibbaa dhiigaa

peinar

filuu

hablar

haasa'uu

entender

hubachuu

preguntar

gaafachuu

escuchar

dhggeeffachuu

beber

dhuguu

comer

nyaachuu

ordenar

ol kaasuu

amar

jaalala

cocinar

bilcheessuus

manejar

oofuu

volar

barrisuu

navegar

jabalan

calcular

heerregii

leer

dubbisuu

aprender

baruumsa

trabajar

hojjechuu

casarse

fuudha

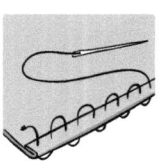

coser

hodhuu

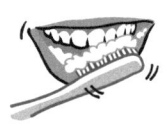

cepillarse los dientes

ilkaan rigachuu

matar

ajjeecha

fumar

xuuxuu

enviar

erguu

familia
warra

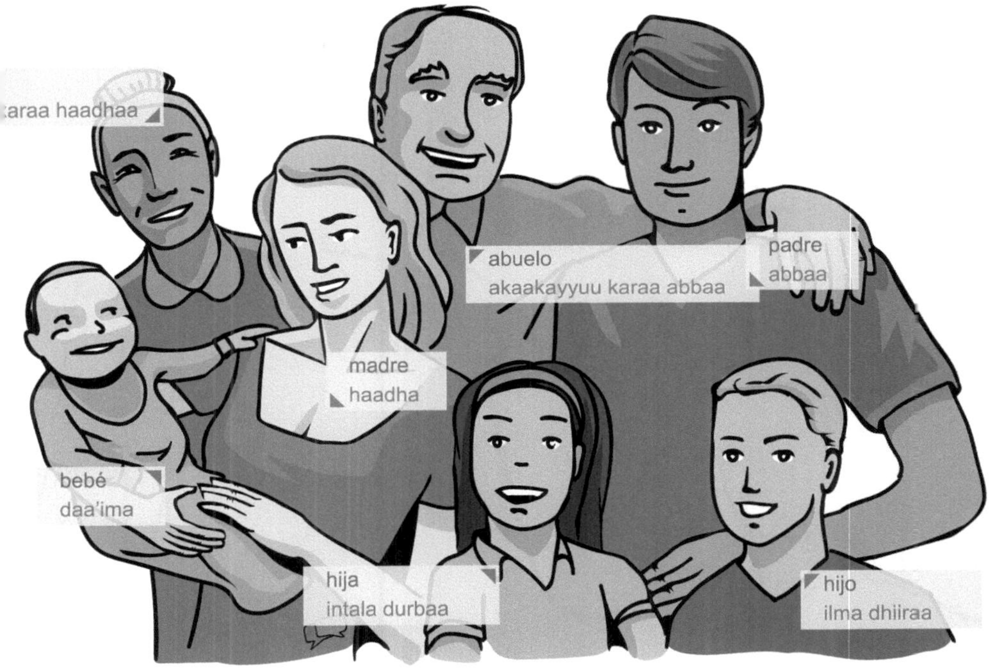
araa haadhaa
abuelo
akaakayyuu karaa abbaa
padre
abbaa
madre
haadha
bebé
daa'ima
hija
intala durbaa
hijo
ilma dhiiraa

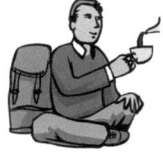

invitado

keessummaas

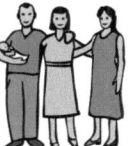

tía

adaadaa

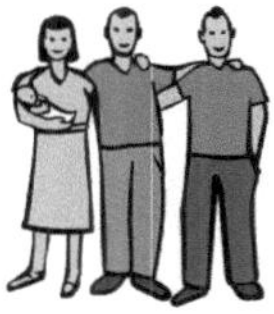

tío

eessuma

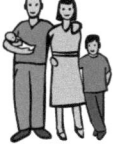

hermano

obboleessa

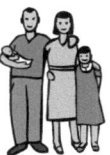

hermana

obboleettii

cuerpo

qaama

frente
adda
ojo
ija
cara
fuula
pera
igicii
dedo
quba
mano
harka
pecho
harma
brazo
irree
hombro
ceekuu
pierna
luka

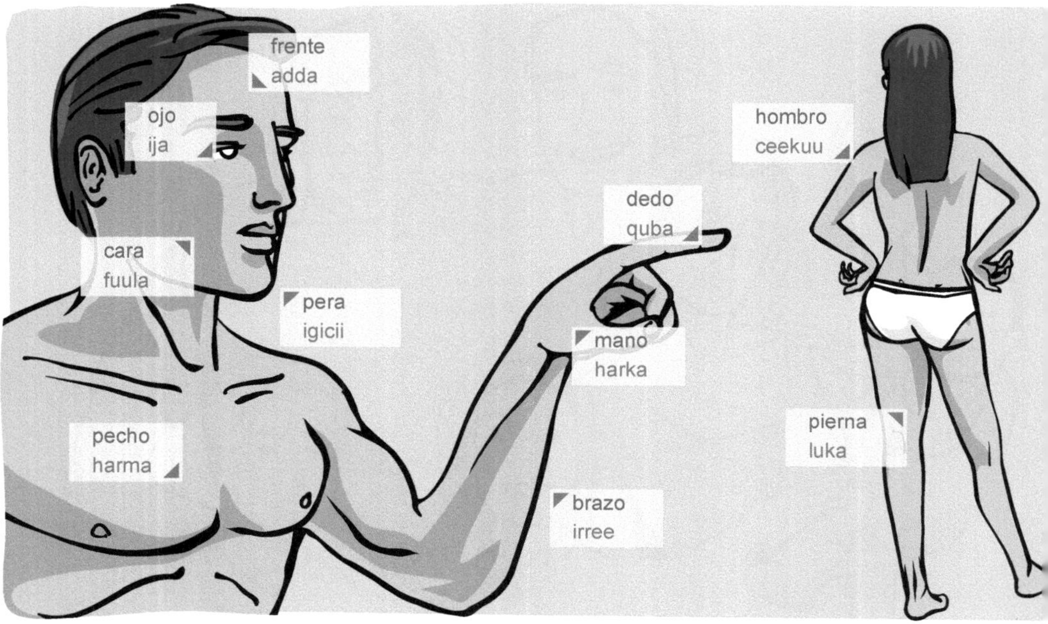

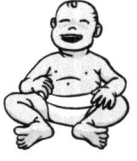

bebé

daa'ima

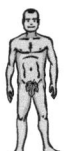

hombre

nama

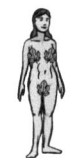

mujer

dubartii

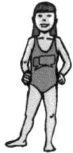

nena

durba

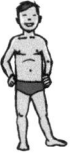

nene

mucaa

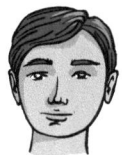

cabeza

mataa

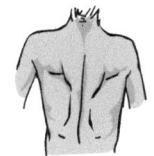

espalda

duuba

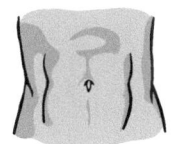

panza

godhami

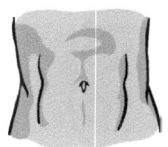

ombligo

belly button

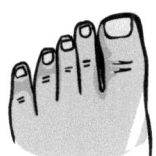

dedo del pie

qubq miilaa

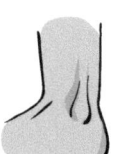

talón

koomee

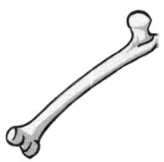

hueso

lafee

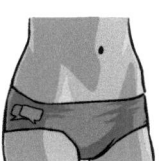

cadera

dirra

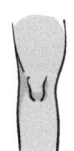

rodilla

jilba

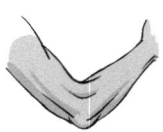

codo

ciqilee

nariz

fuunyaan

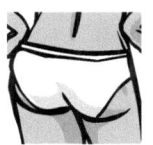

cola

jala

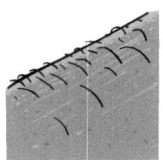

piel

gogaa

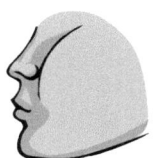

cachete

boqoo

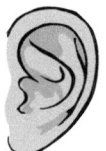

oreja

gurra

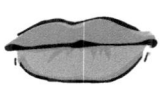

labio

hidhii

boca

afaan

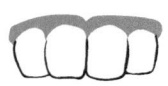

diente

ilkee

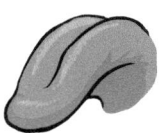

lengua

arraba

cerebro

sammuu

corazón

onnee

músculo

fon irree

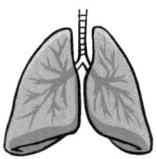

pulmón

somba

hígado

tiruu

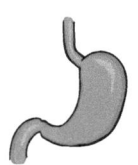

estómago

garaacha

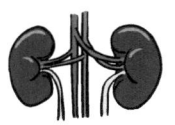

riñones

kaleewwan

sexo

wal qunnamitii saalaa

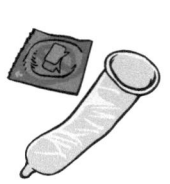

preservativo

kondomii

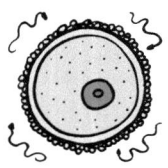

óvulo

buphaa dubartii

semen

mi'oo

embarazo

ulfa

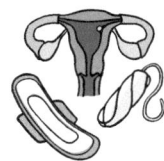

menstruación
....
laguu ji'aa

vagina
....
buqushaa

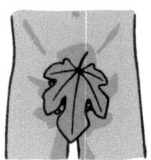

pene
....
tuffee

ceja
....
laboobbaa ijaa

pelo
....
rifeensa

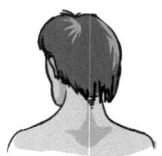

cuello
....
morma

hospital
hospitaala

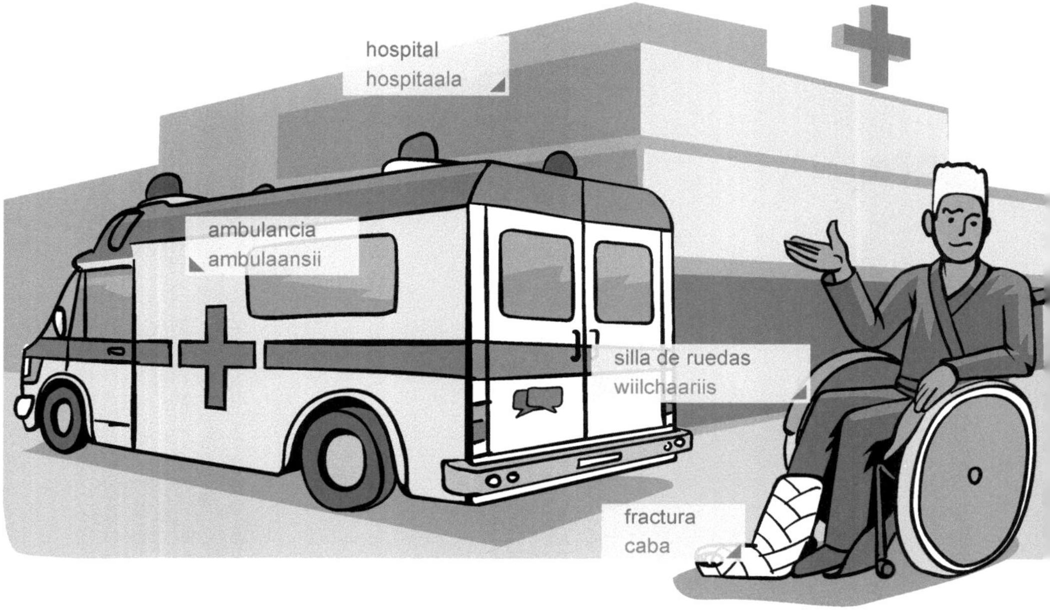

hospital
hospitaala
ambulancia
ambulaansii
silla de ruedas
wiilchaariis
fractura
caba

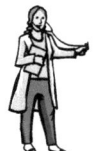

médico

doktora

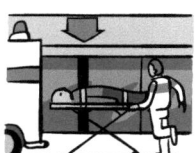

sala de guardia

kutaa hatattamaa

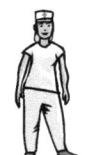

enfermera

narsii

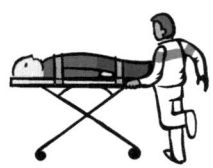

emergencia

hatattama

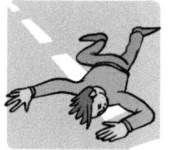

inconsciente

kan hin dammaqin

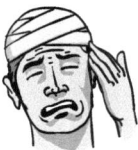

dolor

dhukkubbii

lesión

miidhhaa

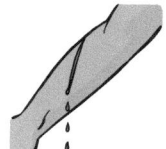

hemorragia

dhiiguu

infarto

dhukkuba onnee

ACV

baay'ina dhiigaa

alergia

hooqxoo

tos

qufaa

fiebre

oo'aa qaamaa

gripe

qufaa

diarrea

baasaa

dolor de cabeza

bowoo mataa

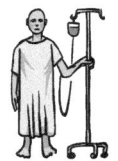

cáncer

kaansarii

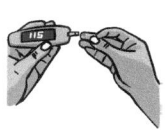

diabetes

dhibee sukkaaraa

cirujano

baqaqsanii hodhuu

bisturí

halbee

operación

hojii

TC
CT

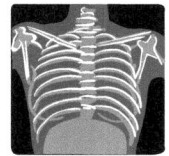

rayos x
raajii

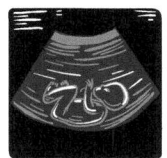

ecografía
aaltraasaawandii

barbijo
haguuggii fuuiaa

enfermedad
dhukkuba

sala de espera
kutaa haar galfii

muleta
hirkannaa

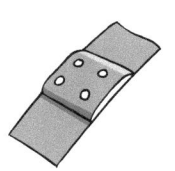

curita
pilaastara

venda
baandeejii

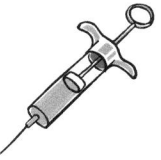

inyección
limmoo waraanuu

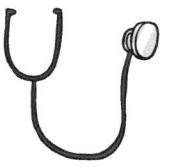

estetoscopio
isteetskooppi

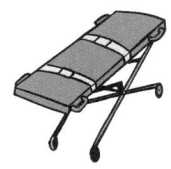

camilla
siree dhukkubsataa

termómetro
termoo meetira klinikaa

nacimiento
dhaloota

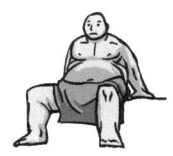

sobrepeso
ulfaatinaa ol

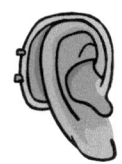

audífono

gargaaraa dhageettii

desinfectante

qoricha aramaa

infección

miidhama keessaa

virus

vaayirasa

VIH / SIDA

ECH AAIVII / EEDSII

remedio

qoricha

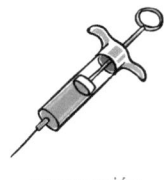

vacunación

talaallii

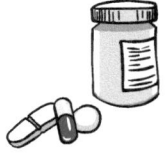

comprimidos

kiniinii

pastilla anticonceptiva

kiniinii

llamada de emergencia

waamicha hatattamaa

tensiómetro

too'attuu dhiibbaa dhiigaa

enfermo / sano

dhukkuba / fayyaa

¡Ayuda!

gargaarsa!

alarma

alaarmiis

agresión

weerara

ataque

miidhuu

peligro

suukaneessaa

salida de emergencia

baha hatattamaa

¡Fuego!

abidda

matafuego

abidda dhaamisituu

accidente

balaa

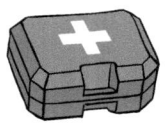

botiquín de primeros auxilios

saanduqa gargaasa calqabaa

SOS

Sii'oosii

policía

foolisii

Europa

awurooppaa

América del Norte

ameerikaa kabaa

América del Sur

ameerikaa kibbaa

África

afrikaa

Asia

eesiyaa

Australia

awustraaliyaa

Atlántico

atilaantik

Pacífico

paasfiik

Océano Índico

galaana hindii

Océano Antártico

galaana antaartikaa

Océano Ártico

galaana arkitiik

polo norte

polii kaabaa

polo sur

polii kibbaa

Antártida

antaartikaa

Tierra

dachee

tierra

dachee

mar

garba

isla

odola

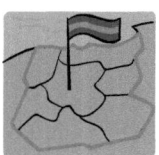

nación

lammii

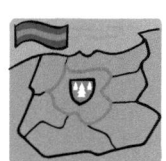

estado

kutt biyyaa

esfera

clock face

manecilla de las horas

sa'aatii kana

minutero

daqiiqaa kana

segundero

moofaa

¿Qué hora es?

yeroon meeqa ta'ee?

día

guyyaa

hora

yeroo

ahora

amma

reloj digital

sa'aatii diiskoo

minuto

daqiiqaa

hora

sa'aatii

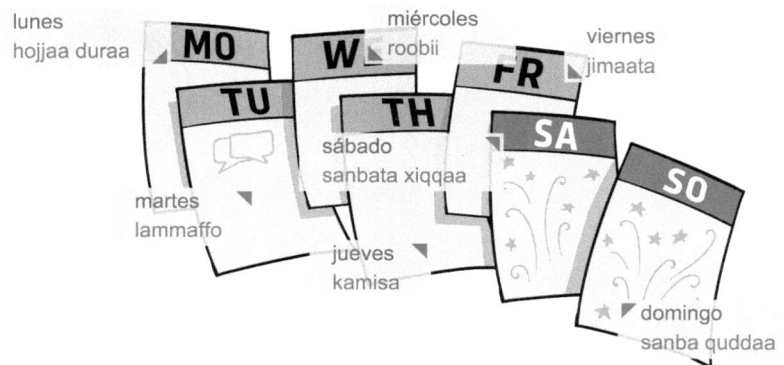

lunes
hojjaa duraa

miércoles
roobii

viernes
jimaata

martes
lammaffo

sábado
sanbata xiqqaa

jueves
kamisa

domingo
sanba quddaa

ayer
kaleessa

hoy
har'a

mañana
boru

mañana
ganama

mediodía
guyyaa qixxee

tarde
galgala

MO	TU	WE	TH	FR	SA	SU
1	2	3	4	5	6	7
8	9	10	11	12	13	14
15	16	17	18	19	20	21
22	23	24	25	26	27	28
29	30	31	1	2	3	4

días hábiles
guyyaa hojii

MO	TU	WE	TH	FR	SA	SU
1	2	3	4	5	6	7
8	9	10	11	12	13	14
15	16	17	18	19	20	21
22	23	24	25	26	27	28
29	30	31	1	2	3	4

fin de semana
dhuma forbee

año

waggaa

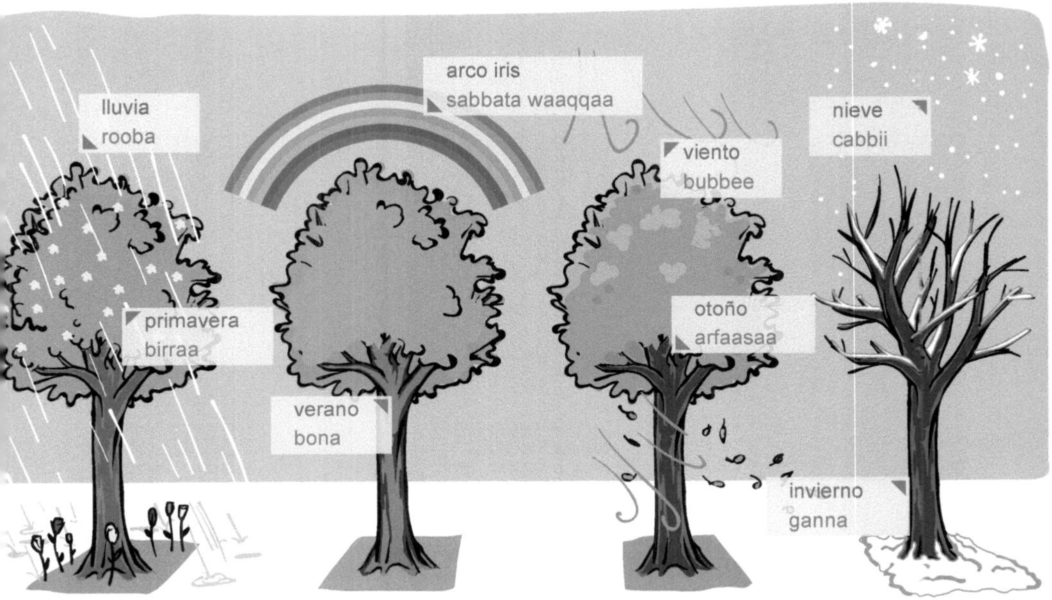

lluvia
rooba
arco iris
sabbata waaqqaa
nieve
cabbii
viento
bubbee
primavera
birraa
otoño
arfaasaa
verano
bona
invierno
ganna

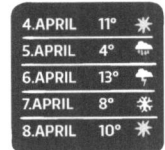

4.APRIL 11°
5.APRIL 4°
6.APRIL 13°
7.APRIL 8°
8.APRIL 10°

pronóstico meteorológico

raaga haala qileensaa

F C
120 40
90 30
60 20
30 10
0 0
-30 -10
-20

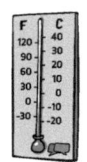

termómetro

teermoomeetirii

luz del sol

baha aduu

nube

duumessa

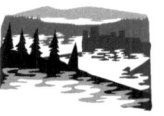

niebla

hurii

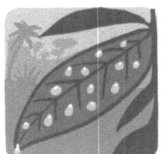

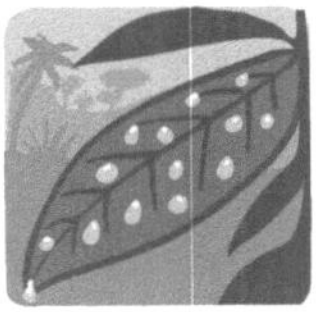

humedad

jiidha

rayo

bakakkaa

trueno

balaqqee

tormenta

dirrisa

granizo

cabbii

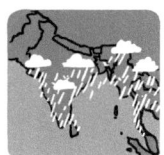

monzón

monsoon

inundación

lolaa

hielo

cabbie

enero

Amajjii

febrero

Gurraandhala

marzo

Bitootessa

abril

Eebila

mayo

Caamsaa

junio

Waxabajji

julio

Adooleessa

agosto

Hagayya

año - waggaa

septiembre

Fulbaana

octubre

Onkololeessa

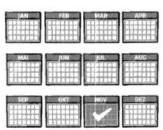

noviembre

Sadaasa

diciembre

Muddee

formas

boca

círculo

geengoo

cuadrado

isqeerii

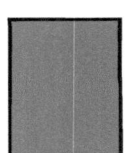

rectángulo

rog arfee

triángulo

rg sadee

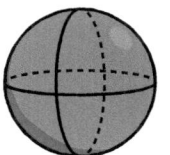

esfera

molaalee

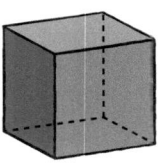

cubo

kuubii

blanco

adii

amarillo

boora

naranja

keelloo

rosa

boorilee

rojo

diimaa

violeta

bunnii

azul

cuqliisa

verde

magariisa

marrón

magaala

gris

bulee

negro

gurraacha

mucho / poco

baay'ee / xiqqoo

enojado / tranquilo

aara / gammachuu

lindo / feo

bareeda / fokkuu

principio / fin

calqaba / xumuura

grande / chico

guddaa / xiqqaa

claro / oscuro

ifa / dukkana

hermano / hermana

obboleessa / obboleettii

limpio / sucio

qulqulluu / xurii

completo / incompleto

xumuuramaa / kan hin xumuuramin

día / noche

guyyaa / halkan

muerto / vivo

du'aa / jiraa

ancho / angosto

bal'aa / dhiphaa

comestible / no comestible

kan nyaatamu / kan hin nyaatamne

malo / amable

badd / gaarii

entusiasmado / aburrido

gammachuu / ifannaa

gordo / flaco

furdaa / qal'aa

primero / último

calqaba / dhuma

amigo / enemigo

michuu / diina

lleno / vacío

guutuu / duwwaa

duro / blando

sakoruu / lalllaafaa

pesado / liviano

ulfaataa / salphaa

hambre / sed

beeluu / dheebuu

enfermo / sano

dhukkuba / fayyaa

ilegal / legal

seer malee / seera qabeessa

inteligente / estúpido

gaanfuree / dabeessa

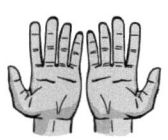

izquierda / derecha

bitaa / mirga

cerca / lejos

maddii / fagoo

nuevo / usado
haara'a / moofaa

nada / algo
homma / waan tokko

viejo / joven
jaarsa / dargaggeessa

encendido / apagado
ibsuu / dhaamsuu

abierto / cerrado
banuu / cufuu

silencioso / ruidoso
callisuu / sagalee olkaasuu

rico / pobre
sooressa / hiyyeessa

correcto / incorrecto
sirrii / dogongora

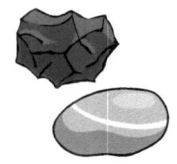

áspero / suave
sokorruu / lallaafaa

triste / contento
aara / gammachuu

corto / largo
dheeraa / gabaabaa

lento / rápido
qususaa / collee

mojado / seco
jiidhaa / goggogaa

caliente / frío
oo'aa / qorraa

guerra / paz
lola / nagaa

0

cero

duwwaa

1

uno

tokko

2

dos

lama

3

tres

sadis

4

cuatro

afur

5

cinco

shan

6

seis

jaha

7

siete

torba

8

ocho

saddeet

9

nueve

sagal

10

diez

kudhan

11

once

kudha tokko

12

doce

kudha lama

13

trece

kudha sadi

14

catorce

kudha afur

15

quince

kudha shan

16

dieciséis

kudha jaha

17

diecisiete

kudha torba

18

dieciocho

kudha saddeet

19

diecinueve

kudha sagal

20

veinte

diigdama

100

cien

dhibba

1.000

mil

kuma

1.000.000

millón

maliyoona

inglés

Ingiliffa

inglés americano

Ingiliffa Ameerikaa

chino mandarín

Mandarinii chaayinaa

hindi

Afaan Hindii

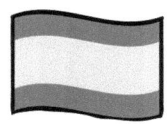

español

Afaan Speen

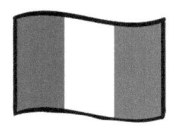

francés

Afaan Faransaay

árabe

Afaan Arabaa

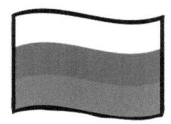

ruso

Afaan Raashaa

portugués

Afaan Poortugaal

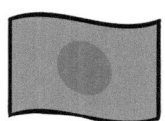

bengalí

Afaan Beengaal

alemán

Afaan Jarman

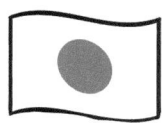

japonés

Afaan Jaappaan

yo

ana

vos

si

él / ella

isa / ishii / isa / wantootaf

nosotros

nu'ii

ustedes

isin

ellos

isan

¿quién?

eenyuu?

¿qué?

maal?

¿cómo?

akkamitti

¿dónde?

eessa?

¿cuándo?

hoom?

nombre

maqaa

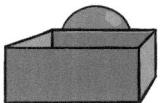

detrás

duuba

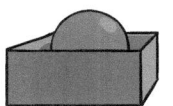

en

keessa

adelante de

fuldura

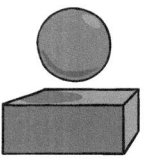

por encima de

irra

sobre

gubbaa

debajo de

jala

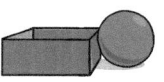

al lado de

maddii

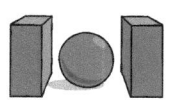

entre

gidduu

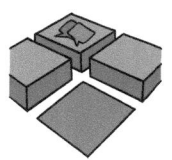

lugar

bakkee